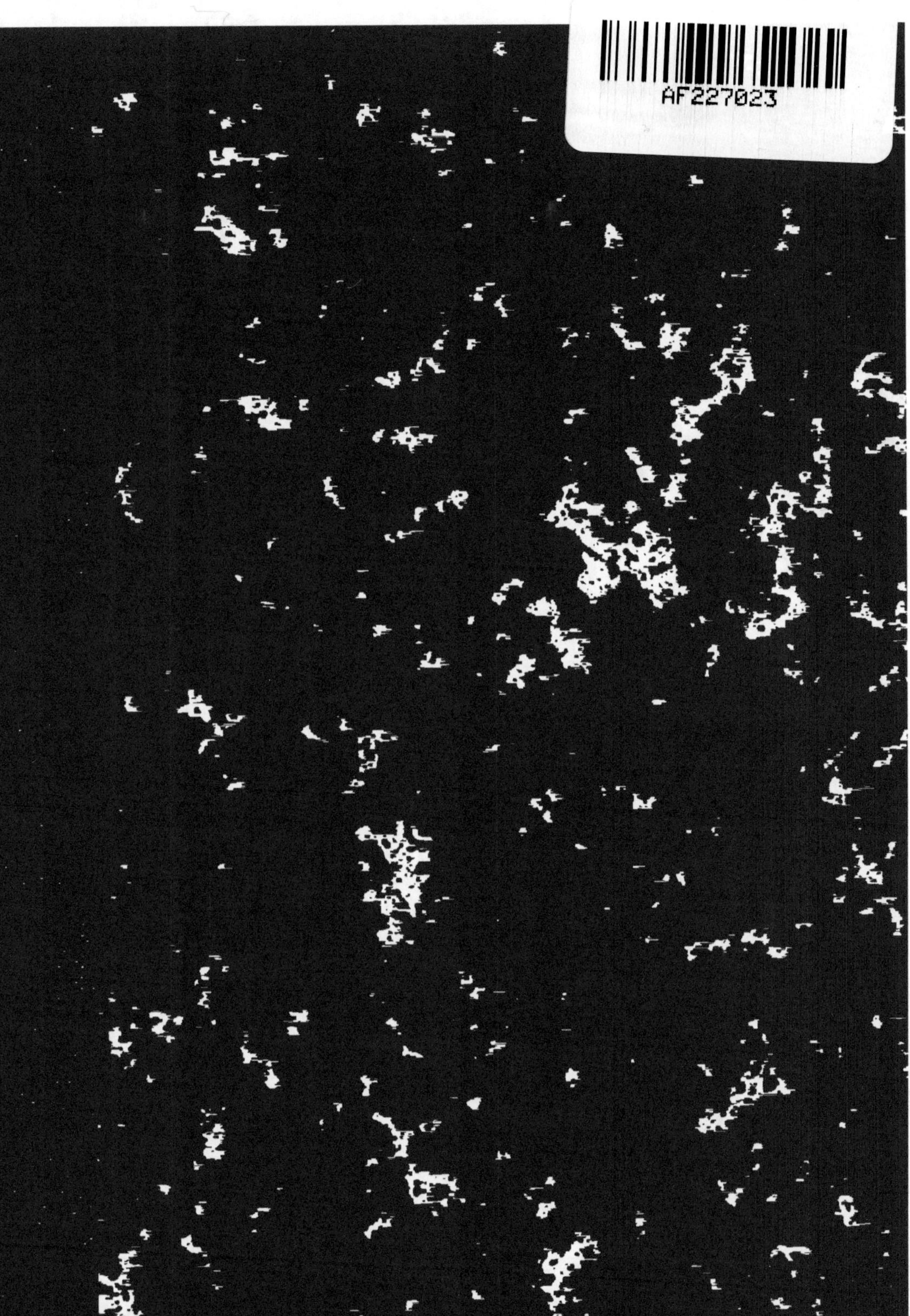
AF227023

ÉMILE OLLIVIER

ÉMILE OLLIVIER

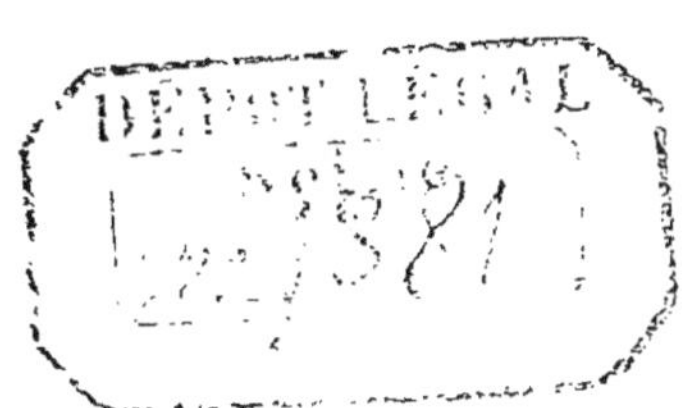

Prix : UN franc

PARIS

CHEZ TOUS LES LIBRAIRES

1867

ÉMILE OLLIVIER

I

Beaucoup de gens pensent qu'Emile Ollivier sera bientôt ministre et qu'il entrera enfin aux Tuileries par la grande porte. De toutes façons, il est incontestable, même en se tenant en garde contre les récits colportés par des amis aussi maladroits que zélés, qu'il a joué un certain rôle dans la crise qui a abouti à la lettre du 19 janvier. Aussi, nous a-t-il paru opportun de rappeler au public les principaux traits de sa vie. Mais on ne saurait aujourd'hui raconter la vie d'un homme politique et juger sa conduite en se contentant de relever ses votes et de citer ses discours. Notre génération, presque entièrement éloignée jusqu'à présent de la pratique des affaires publiques, a vu se développer en elle un esprit inquiet de curiosité. Les idées ne pouvant être discutées que dans une étroite mesure, les partis ne pouvant se constituer librement, on s'est rejeté sur l'étude du caractère des hommes. Les journaux fourmillent « d'Indiscrétions » qui, il faut le dire, enchantent le plus souvent ceux qui en font l'objet. Le public a pris goût à ces curiosités biographiques en même temps que les critiques et les historiens ont enfin rajeuni et répandu parmi lui cette vieille idée, qu'on ne peut équitablement juger un homme sans s'occuper en même temps de sa race, de son milieu, de son tempérament. Il ne nous sera donc pas permis, en racontant la vie publique d'Emile Ollivier, d'oublier certains détails de sa vie privée et de son caractère qui n'ont point été sans influencer ses résolutions politiques. Mais il est à cette étude une limite que, malgré tant d'exemples donnés chaque jour, nous nous efforcerons de ne pas dépasser.

II

Emile Ollivier est né à Marseille le 2 juillet 1825.

Sa famille venait du Var, où son grand-père était instituteur au village du Beausset. Sa mère, qu'il perdit jeune, a laissé le souvenir d'une femme distinguée.

Au moment où Emile Ollivier naquit, son père, M. Démosthène Ollivier, était inculpé dans un procès politique qui lui valut une condamnation à six mois de prison. Ami d'Armand Carrel, qui tint garnison quelque temps à Marseille, Démosthène Ollivier était un des membres les plus actifs du carbonarisme dans les départements du Midi. La grande somme de libertés que 1830 apporta au pays ne désarma pas son opposition. En 1831 il fonda le journal, radical « *Le peuple souverain.* » Le dévouement dont il fit preuve pendant l'invasion du choléra en 1833, autant au moins que ses opinions, le firent élire conseiller municipal en 1836. Peu d'années après, il quitta Marseille. Des spéculations malheureuses l'avaient forcé à déposer son bilan, après avoir été à la tête d'une importante maison de commerce. Energique et intelligent, Démosthène Ollivier parvint cependant à élever sa nombreuse famille, mais ne désintéressa ses créanciers qu'en 1848. Aussi le gouvernement provisoire ne crut pas pouvoir l'envoyer à Marseille comme commissaire de la République, et nomma, à sa place et sous sa tutelle, son fils Emile. Ainsi s'explique tout naturellement le choix d'un homme aussi jeune pour une si importante mission.

Nommé député à la Constituante, Démosthène Ollivier vota constamment avec la gauche, et fut un des signatai-res de la mise en accusation du prince Louis-Napoléon. Arrêté au coup d'Etat du 2 décembre, expulsé de France, expulsé de Nice, Démosthène Ollivier ne trouva un peu de repos à sa vie agitée qu'à Florence, où il résida jusqu'en 1860. A cette époque, il rentra en France, mais non à Paris. Il habite à Saint-Tropez, une maison de campagne qui appartient à son fils. C'est de là qu'Emile Ollivier, comme Moïse sur le mont de Rephidim, priait naguère « la Providence d'envoyer un vent qui débarrassât Toulon du choléra. »

On nous pardonnera d'avoir résumé dans son ensemble la vie de M. Démosthène Ollivier, dont on peut apprécier diversement le sens politique, mais dont on ne saurait nier le constant dévouement à ses idées. C'est presque un devoir pour nous, depuis que M. Z. Marcas, mêlant le pamphlet à la réclame pour écrire la biographie de M. Emile Ollivier, a cru qu'il convenait de placer à côté du portrait du fils la caricature du père.

Emile Ollivier était le second de six enfants. Deux de ses frères n'habitent pas Paris : sa sœur est mariée à Marseille. Un autre de ses frères vit avec lui, et est, non pas « médecin distingué, » comme dit M. Z. Marcas, mais avocat. Personne, dans le monde politique, n'a oublié la mort de son frère Aristide, esprit généreux et talent ferme, tué en duel, à Toulouse, en 1851, par M. de Ginestous, membre, à cette époque, du grand parti de l'ordre en qualité de légitimiste et d'officier de cavalerie.

III

A Paris, où il fut élevé, Emile Ollivier vivait dans un milieu politique brûlant. Pierre Leroux, Lamennais, les Arago, étaient les amis de la famille. A Marseille, il était sous l'influence directe d'Agenon, homme qui, malgré les fautes de sa vie politique, méritait mieux que d'être désigné par le réactionnaire vertueux qui signe **Z. Marcas,** comme le chef d'une bande de « sacripants. » C'était assez qu'Emile Ollivier ait eu cette mauvaise fortune, trop fréquente dans les guerres civiles, de n'avoir pu soustraire à un emprisonnement arbitraire un homme qu'il devait aimer, sans qu'un complaisant maladroit vînt encore raviver, par ses calomnies grossières, une blessure qui fut profonde au cœur du jeune commissaire de la République.

Emile Ollivier fut un bon élève, et on lui reprocha plus tard, à juste titre, d'avoir gardé dans ses discours quelque chose des enseignements de la rhétorique. Cette « grandiloquence » fut longtemps un parti pris de sa part, et l'on assure même qu'il voulut étudier l'hébreu pour mieux se rendre compte de la parole inspirée des prophètes, et devenir maître de leur manière. Touchante illusion d'une nature qui a toujours gardé les dehors de l'enthousiasme !

En attendant de parler la langue d'Isaïe, Emile Ollivier avait brillamment soutenu ses thèses. Il avait tenu tête à ses interrogateurs avec une fermeté restée mémorable à l'Ecole de droit et qui ne lui a jamais fait défaut quand sa personnalité est directement en jeu. Il fréquentait une étude d'avoué quand éclata la révolution de Février.

IV

Le 27 février 1848, le peuple de Paris, qui n'aime pas
les régences, acclamait la République. Nombre d'hommes
de tout parti se rallièrent spontanément et, nous le croyons,
sincèrement à cette forme nouvelle. En province, cependant, il y eut quelque hésitation : les esprits étaient moins
préparés. Les révolutions sont toujours, pour les départements, une surprise, et M. de Montalembert n'a rien dit
de bien nouveau quand, en se ralliant à la « surprise » de
1851, il a qualifié la « surprise » de 1848. Il s'agissait de
trouver sur l'heure, pour les rassurer, les enlever, des
hommes dévoués, connaissant le pays, y ayant autorité.
La tâche était difficile, et l'on s'est montré bien injuste-
ment sévère pour ces magistrats improvisés qui ont eu
sans doute des maladresses à se reprocher, mais dont le
pouvoir discrétionnaire n'a nulle part été entaché d'excès.
Emile Ollivier fut envoyé à Marseille sur la proposition
de M. Ledru-Rollin. C'était, nous l'avons dit, son père que
l'on songeait surtout à récompenser d'un long dévouement aux idées républicaines.

Le 1er mars, Emile Ollivier était à Marseille et publiait
une proclamation qui ne diffère que peu des proclamations de cette date. Elle renfermait de vagues promesses,
l'appel à la concorde, l'expression d'un chaleureux dé-

vouement à la République, et des actions de grâces à la Providence et à Dieu. Ce style mystique et sentimental n'a jamais entièrement quitté Emile Ollivier, et c'est une des choses de sa jeunesse dont il ne s'est pas départi. Le lendemain, une nouvelle proclamation, très-bien faite, rassurait les ouvriers sur le sort des Caisses d'épargne.

Marseille, ville républicaine de mœurs, mais préoccupée d'immenses intérêts matériels, accueillit avec défiance la Révolution de Février. Mais Emile Ollivier réussit d'abord assez bien. Sa jeunesse, une belle prestance, une voix admirable en plein air, une grande chaleur d'expression qui devait charmer les gens du Midi, une grande activité qui lui permit de faire des tournées dans le Var et des leçons pour les ouvriers, tout en expédiant les affaires ; tout cela, et surtout le réel élan qui suivit Février, contribua à le rendre agréable au peuple. Il avait auprès de lui, pour secrétaire, un professeur de mérite, très-connu et très-estimé dans la bourgeoisie, et son père, malgré les turbulences de son tempérament, connaissait bien la ville et y avait gardé des amis. D'ailleurs, par un scrupule poussé peut-être à l'excès, le gouvernement provisoire ne gouvernait pas : il avait bien effacé sur les murs les mots qui rappelaient la royauté, mais il ne prit pas sur lui d'effacer de nos codes les lois incompatibles avec la liberté. Si bien que le rôle des commissaires se bornait à maintenir l'ordre et à prêcher la concorde, rôle facile quand il ne se prolonge pas. Ils devaient encore renseigner le gouvernement central sur l'état des esprits, surveiller les clubs et les sociétés, ce que fit Emile Ollivier avec beaucoup de soin, comme en firent preuve de volumineux rapports adressés au gouvernement provisoire.

Cet état de repos fut néanmoins bientôt troublé. Dès le 11 mars, pendant que le commissaire général parcourait son autre département, le Var, quelques désordres, avant-coureurs d'une crise plus grave, eurent lieu. Emile Ollivier revint en hâte et adressa aux ouvriers — pourquoi n'avoir pas parlé aux citoyens? — une longue proclamation où il est encore malheureusement question de la Providence, mais qui était en somme très-habile et très-ferme, et les fit rentrer dans le repos. Mais dès lors la défiance était entrée dans les esprits. Les comités demandaient que les ouvriers gardassent les armes. A côté du pouvoir régulier, le pouvoir occulte des chefs, et parmi eux d'Agenon, s'essayait par des proclamations, des promenades aux flambeaux qui répandaient la terreur. A ces excès répondaient d'imprudentes menaces de réaction, et la formation de la garde nationale rassurait mal les classes riches en face des travailleurs sans ouvrage.

Dans ces circonstances, les élections se firent, et la nomination de M. Démosthène Ollivier fut l'occasion d'accusations passionnées contre le rôle que joua son fils. On a été jusqu'à l'accuser, avec la complicité d'Agenon qui rédigeait l'*Indépendant*, d'avoir fait un tirage illusoire d'un numéro de ce journal, pour les besoins de la candidature de Démostène Ollivier. Il y a sans doute beaucoup à rabattre de tout cela, et une longue pratique des candidatures officielles nous a rendus moins sévères. La commission exécutive qui succéda au gouvernement provisoire ratifia les actes du jeune commissaire, et crut devoir témoigner à Emile Ollivier sa satisfaction pour les réels services qu'il avait rendus, en le nommant, sur la proposition de Ledru-Rollin, préfet des Bouches-du-Rhône, le 8 juin.

Le 24, presque en même temps qu'à Paris, l'insurrection éclatait. Des rassemblements se formèrent. Un coup de feu, tiré pendant que les troupes et le peuple étaient en présence dans la rue Cannebière, détermina le conflit. Les insurgés, retranchés dans le quartier Vieux, y tinrent quelque temps contre la garde nationale et la faible garnison marseillaise. Le lendemain, ils essayèrent de résister, à l'entrée du Prado. Mais des troupes étaient arrivées de Toulon à marches forcées, et les insurgés, mal armés et mal dirigés, furent rapidement battus. Emile Ollivier, qu'on accusa comme presque tous les préfets républicains, d'avoir attendu des nouvelles de Paris avant d'engager sérieusement le combat, harangua la garde nationale et accepta les bons offices d'Agenon pour arrêter le combat. Les gardes nationaux, affolés de peur, jetèrent celui-ci en prison, méconnaissant l'autorité du commissaire de la République. La situation d'Emile Ollivier devenait difficile en face d'anciens amis compromis et de la réaction débordant. Il dut abandonner son poste. La commission exécutive avait été dissoute et M. Sénart l'envoya à la préfecture de la Haute-Marne (Chaumont).

V

C'était une disgrâce. Emile Ollivier se résigna. Avant de partir, il adressa aux Marseillais une proclamation un peu emphatique et dont on sourit encore. En même temps (le 11 juillet), les journaux publiaient une longue lettre de lui. Cette lettre, remarquable par certaines qualités littéraires, témoignait d'une grande dose de naïveté politique. Au lieu de faire reposer son apologie sur un simple exposé des faits, il mettait en scène sa personne, se plaignait qu'on eût fait « des sentiments ardents qui exaltaient son âme une rhétorique sentimentale » et entretenant ses administrés de « la mansuétude du jeune homme» que la République leur avait envoyé. Cela ressemblait un peu aux plaintes que M. Renan met dans la bouche du Jésus qu'il a inventé. « En entrant dans la vie publique, » disait-il en terminant, « je me suis sérieusement recueilli et j'ai » pris en moi-même l'engagement de n'avoir jamais » pour guide et pour boussole que ma conscience et la » sainte lumière du devoir. Quand la popularité m'ac-» compagnera dans cette voie, je bénirai Dieu d'avoir » rendu mes efforts féconds. Quand la calomnie sera ma » seule récompense, je ne dévierai pas davantage, car » je sens que derrière les accusateurs injustes, il y a » les honnêtes gens, dont l'estime est la meilleure et la plus » sûre des popularités. »

Le jeune préfet qui devait plus tard, et à raison peut-être, abandonner quelques-unes des idées de l'ancienne école républicaine, en avait pris, on le voit, et en a gardé long-temps le plus choquant défaut, nous voulons dire la forme déclamatoire et l'habitude de mêler sans cesse la conscience, Dieu, le devoir, et mille termes aussi mal définis à la pratique des affaires publiques. Comme si les circonstances extérieures, les événements, l'étude, ne pouvaient pas modifier la pensée d'un homme sans qu'il ait besoin de faire appel à sa vertu privée pour expliquer chaque évolution de sa pensée ! Là est le véritable et le grand orgueil d'obéir à son intelligence et de ne se préoccuper même pas de ce que la foule peut penser de votre caractère, du moment que l'on garde assez d'esprit pour résister aux grossières amorces des corruptions directes. Voir nettement et justement, agir le plus possible dans la direction d'un idéal qu'on n'est même pas tenu de formuler, voilà ce qu'ont fait les grands hommes politiques. Seulement il ne faut ni accuser ses amis de la veille, ni flagorner ses amis du jour, mais, sans rancune et sans empressement, sans accuser et sans se défendre, insensible aux blessures comme aux satisfactions de la vanité, faire tenir sa pensée en haute estime et oublier son caractère.

Emile Ollivier rendit encore des services importants à la République dans sa nouvelle préfecture. Son département industriel contenait beaucoup d'ouvriers, et le futur rapporteur de la loi sur les coalitions eut à lutter avec quelques désordres nés du chômage. Il triompha avec énergie et mesure. L'élection du 10 décembre ne lui fit pas donner sa démission. Mais M. Léon Faucher, persuadé qu'il était que « la France n'a pas d'administrateurs de rechange, » réintégra dans leurs postes presque tous les anciens fonctionnaires. Emile Ollivier dut se retirer le 20 janvier 1849. Il avait occupé de hautes fonctions pendant près d'une année, et pendant cette période, en des temps troublés, avait montré à la fois de grandes qualités et de grands défauts. Enthousiaste et susceptible, il voyait déjà des ennemis où il eût dû ne voir que des adversaires, et ne savait pas sauver sa personne du conflit brûlant des idées.

VI

Emile Ollivier revint à Paris et reprit courageusement sa place au barreau. Il y avait été inscrit dès 1847, mais n'avait pas plaidé avec éclat. Juriste très-distingué, très-instruit, très-subtil; lié avec la plupart des professeurs de l'Ecole de droit, ses anciens maîtres, il se consacra très-activement et avec succès à l'enseignement libre. Cependant, pendant cette période de sa vie, il plaida quelques affaires importantes dont on a gardé le souvenir. Au premier rang, il convient de citer le procès qu'il soutint contre Berryer pour obtenir que la communauté de Picpus restituât la fortune de madame la marquise de Guerry qui, après un long séjour au couvent, voulait quitter la vie religieuse. La plaidoirie d'Emile Ollivier et le mémoire à consulter qui y est annexé sont deux remarquables morceaux de discussion et d'éloquence judiciaire. Emile Ollivier plaida encore avec éclat pour les étudiants accusés d'avoir gêné M. Nisard dans l'exposition de sa doctrine des deux morales, et pour les médecins homœopathes diffamés dans un journal médical orthodoxe.

Les rapports d'Emile Ollivier comme avocat avec les Tribunaux et avec le Conseil de l'Ordre n'ont pas été bons. Une première fois, à Lyon, en 1851, il refusa de plaider devant le Conseil de guerre dans l'affaire Gent, et fut suspendu pour six mois. En 1859, portant la parole pour M. Vacherot, poursuivi à l'occasion de son livre *la Démocratie*, il fut, dès le début de sa plaidoirie, arrêté par le président et condamné à trois mois d'interdiction. Le barreau de Paris prit fait et cause pour lui. Mais, malgré le grand mouvement sympathique à la liberté absolue de la défense qu'excita cette affaire, l'interdiction fut maintenue par toutes les juridictions.

Plus récemment, c'est avec le conseil de l'Ordre qu'Emile Ollivier a éprouvé des difficultés du plus pénible caractère, auxquelles les journaux ont donné un grand retentissement. Il avait accepté les fonctions de conseil judiciaire du vice-roi d'Egypte auprès de l'administration du canal de Suez. Ces fonctions étaient rétribuées par un traitement annuel de 30,000 francs. Le conseil de l'Ordre, en vertu de son pouvoir disciplinaire,— et c'est là un pouvoir qu'il serait peut-être bon d'étudier et de limiter,— prit un arrêté interdisant à un avocat d'accepter de telles fonctions. Les amis d'Emile Ollivier purent dire à juste raison que sous ce nom de conseil, bien des avocats recevaient de compagnies financières des émoluments fixes ; Emile Ollivier n'en fut pas moins obligé de se faire inscrire au barreau de Toulon. En réalité, il y avait eu contre lui une grande animosité ; nous étions en 1865, et ses amis politiques d'autrefois, presque tous membres du barreau, blessés vivement de ses allures, prirent une revanche. Il faut aussi dire qu'Emile Ollivier, au lieu de rester sur le terrain des affaires où sa situation nous semblait assez bonne, crut devoir porter ailleurs le débat. Il laissa publier une lettre où il est question de la « pureté de son âme » et de « ses ennemis, » dont il parle avec cette modestie et cette componction hautaine qui faisait les frais de presque tous les exordes de Robespierre.

Nous voici ramenés à l'homme politique. Disons encore qu'Emile Ollivier fonda la *Revue pratique du droit français* en 1855, et publia avec M. Mourlon un « Commentaire » sur les saisies immobilières. Ces travaux sont très-estimés par les légistes.

VII

Les élections de 1857 firent rentrer Emile Ollivier dans la vie politique active.

Jusqu'à ce moment, l'opposition de toute nuance s'était abstenue. On protestait purement et simplement. Les très-rares députés envoyés à la Chambre en dehors des candidatures officielles avaient donné leur démission et refusé le serment, ou bien, comme Legrand (du Nord), borné leur intervention à discuter quelques lois d'affaires. Le Corps législatif, grâce aux conditions exceptionnelles qui avaient présidé à sa formation, méritait à peine le nom d'assemblée politique. Les libéraux faisaient le vide autour du gouvernement.

Vers 1857, l'opposition s'aperçut que le vide qu'on essayait de former autour de l'empire ne l'empêchait ni de vivre ni de gouverner. Il avait passé par l'épreuve d'une guerre lointaine et il en était sorti avec succès. Ses a ·

liances étaient plus sûres qu'aujourd'hui. Rien ne troublait le repos d'un pays qui se désintéressait de la vie politique. Une assez grande partie de l'opposition en vint à penser que l'heure de la lutte légale avait succédé à l'heure de la protestation. La Constitution de 1852 s'étant déclarée perfectible, on résolut de demander qu'elle fût perfectionnée. L'on était, il est vrai, en face d'un pouvoir absolu, mais ce pouvoir n'était pas de droit divin et, par son origine, au moins, ne choquait pas ouvertement toutes les idées de la démocratie. Les hommes jeunes, arrivés à la vie politique depuis le coup d'Etat du 2 décembre, acceptaient avec impatience le rôle passif de l'abstention. Les journaux étaient presque unanimement d'avis qu'il fallait réveiller le pays. On résolut donc de voter au scrutin de 1857.

Cependant les abstentionnistes étaient encore nombreux. Parmi eux se trouvaient des hommes importants, dont plusieurs ne devaient comprendre la possibilité d'une revendication pacifique de nos libertés qu'à la veille du scrutin de 1863. Beaucoup de victimes directes du coup d'Etat se refusaient absolument à l'idée de prêter serment à l'Empire. Quelques-uns, tout en désirant voir renaître la vie publique, ne voulaient pas y prendre part. Si bien que l'on faillit manquer de candidats ! Situation singulière et qui ne se présentera pas de sitôt.

Au mois de juin, Emile Ollivier publia la circulaire suivante :

« Il n'est pas nécessaire que je vous expose ma foi. Mon
» nom, mon passé, vous l'ont apprise. Les événements n'ont
» pas modifié mes convictions, personne ne le conteste.
» Mais il est deux sortes de démocraties. Il en est une large,

» sympathique, qui s'élance vers l'avenir. Cette démocratie
» sait qu'on grandit par l'assimilation et non par l'exclu-
» sion ; qu'en présence d'une situation nouvelle il faut se
» transformer et non se répéter. Elle croit que le temps des
» phrases est passé, et que celui de la science commence.
» L'amélioration morale et matérielle du sort de ceux qui
» souffrent, des travailleurs ; le développement du com-
» merce, du crédit, voilà son but. La liberté, voilà son
» moyen. Elle convertit si elle peut ; elle ne frappe jamais,
» elle n'excommunie pas. Cette démocratie est celle de la
» jeunesse. Depuis 1848, je suis un de ses représentants.
» Nommez-moi si vous voulez en faciliter l'essor. Electeurs,
» jamais peut-être votre mission ne fut plus grave. Ce qui
» se passe aujourd'hui est pour la liberté comme une aube.
» A vous de faire que cette aube aille sans cesse en gran-
» dissant et devienne le jour. »

Il est inutile de signaler la différence qui existe entre
ce langage et celui des proclamations de 1848. C'est un
homme politique qui parle. Il expose un système qui a
rallié depuis l'immense majorité des libéraux de toute
nuance. A peine pouvait-on lui reprocher un mot qui
trahît les impatiences d'un caractère froissé par la vio-
lence de ceux de ses anciens amis restés fidèles à l'abstention. Plus habile, Émile Ollivier eût évité de tracer
cette ligne infranchissable : plus philosophe, il eût com-
pris l'utilité de ceux qui protestaient encore, et acceptaient le rôle ingrat de défendre par leur attitude un
passé qu'il ne faut pas refaire, mais qu'il convient encore
moins de laisser calomnier.

Emile Ollivier fut nommé, et l'emporta sur M. Garnier-

Pagès dans la quatrième circonscription. En même temps que lui, le général Cavaignac, Goudchaux et M. Darimon étaient élus. Le premier mourut avant l'ouverture de la session : le second envoya sa démission. M. Darimon et Emile Ollivier prétèrent le serment. M. Hénon en fit de même, après avoir essayé vainement d'atténuer la portée de cet acte.

Un rôle nouveau commençait pour l'opposition. El'e allait demander à l'Empire la réalisation des promesses contenues dans la Constitution de 1852.

La session ouverte le 28 novembre 1857 pour la vérification des pouvoirs, recommence aux premiers jours de 1858. La tentative d'Orsini venait d'échouer. Emile Ollivier eut l'honneur de combattre la loi de sûreté générale.

Quand la session de 1859 s'ouvrit, l'opposition comptait deux membres de plus : MM. Jules Favre et Picard. Le groupe des cinq était constitué. Quoi qu'en ait dit Proudhon, son action ne fut pas stérile. Il réveilla par son attitude l'esprit public, et quand vint le décret du 24 novembre, ses amendements rappelèrent avec constance au pays des principes qu'il avait trop désappris.

Emile Ollivier prit la parole sur les affaires italiennes. Son discours fut très-sympathique à un pays qu'il connaissait, où il avait voyagé, où il avait été accueilli par M. de Cavour, dont enfin la langue et la littérature lui étaient familières. Emile Ollivier a d'ailleurs gardé une grande tendresse pour les nationalités, et personne ne s'étonna qu'il s'abstînt simplement sur le vote des contingents à la veille de la guerre d'Italie. C'était pour lui comme une seconde patrie. Marié en 1857 à une charmante femme dont le souvenir restera dans l'esprit de tous ceux qui l'ont connue, il l'avait conduite à Florence, en compagnie de sa mère, romancier aimable, qui collabore au journal le *Temps*, et critique, dans la feuille de M. de Girardin, la politique des *Tristes*. Ce mariage le mit en rapports intimes avec un autre Italien d'adoption, M. l'abbé Listz, qui n'avait pas encore exécuté ce qu'on a si bien appelé « la retraite au tambour. » Il devenait en même temps le beau-frère de M. Hans de Bulow, et ces relations nouvelles expliquent assez qu'on l'ait plus tard prié de prendre la parole quand nous dîmes un dernier adieu à Meyerbeer.

Dans la même session, il combattit vivement l'annexion des communes avoisinant Paris, qui fut cependant votée à une immense majorité.

En 1860, Emile Ollivier réclama la liberté de la presse, et, fidèle à son système originaire, dans la discussion de la politique générale, félicita l'Empereur d'avoir déclaré sa Constitution *perpétuellement* modifiable.

Certes, Emile Ollivier avait raison. Mais cette promesse subsiste-t-elle, comme nous voulons l'espérer, après les commentaires que, par deux fois, le *Moniteur* a faits des réformes promises par la lettre du 19 janvier, qu'il veut présenter comme le *dernier* mot d'un régime désormais modifié d'une façon définitive ? La question est capitale : quoi qu'il arrive il y faudra répondre, et c'est peut-être à Emile Ollivier qu'incombe le devoir de solliciter cette réponse.

En 1861, ce fut à lui que revint encore le soin de prendre la parole sur la liberté de la presse. Il traita également de la politique intérieure, et, dans un discours demeuré célèbre, s'adressant directement à la personne de l'Empereur, lui promit « l'admiration et l'aide

d'une immense majorité, » si, « repoussant des conseils
» pusillanimes, il prenait l'initiative des réformes. »

A partir de ce moment, l'union d'Emile Ollivier et de
ses collègues devint moins étroite. On le vit dès lors
cherchant à constituer un parti nouveau, également éloi-
gné de l'ancienne opposition et de l'opposition purement
parlementaire, moins antimonarchique que la première,
plus démocratique que la seconde. Jusqu'en 1863, il flotta
entre les diverses fractions libérales, tantôt sur la réserve,
tantôt faisant des avances. En même temps, il s'abstint
davantage dans les grandes discussions de l'adresse. Ses
discours les plus importants sont des discours d'affaires,
contre la conversion, contre l'impôt sur le revenu mobi-
lier, sur les virements, sur les chemins de fer. Cependant il signe tous les amendements de l'opposition. Mais à
la veille des élections, son attitude s'affirme. Il désire de
plus en plus la fusion des partis en un seul. « Il faut désor-
» mais, dit-il, que les démocrates deviennent libéraux et
les libéraux démocrates. » Et, laissant percer déjà cette
idée, que les hommes de la Révolution de 1848, après le
long travail de pacification qui s'est fait depuis Décembre, peuvent espérer rentrer aux affaires et appliquer
quelques-unes de leurs idées, simplement ajournées par la
crise de 1852, il rappelle ce mot fameux, qu'un « jacobin
» ministre n'est pas toujours un ministre jacobin. » Néanmoins, fidèle à la discipline qu'il devait secouer bientôt,
il mit son influence au service de la liste qu'élaborèrent
les journaux et les hommes politiques qui se réunissent
d'habitude chez M. Marie, sans doute parce que ce député
est muet, excepté pour plaider de gros procès.

VIII

Au mois de juin 1863 eurent lieu les élections générales. Emile Ollivier fut réélu, et obtint ce triomphe de voir des abstentionnistes résolus se présenter aux électeurs en ouvriers de la dernière heure, et prendre avec moins de netteté et plus tard que lui la situation qu'il s'était donnée dès 1857. La liste d'opposition passa tout entière à Paris, et M. de Persigny, ayant assuré l'élection de M. Thiers, trouva son œuvre bonne et se retira. Le 5 novembre, la session s'ouvrit.

Cette session (1863-1864) est capitale dans notre histoire parlementaire. L'opposition, renforcée par les élections des grandes villes, renfermant en elle des hommes de nuances diverses, quitte son rôle de protestation. Elle devient un des rouages de l'empire constitutionnel, et bientôt ce sera une idée universellement répandue que l'on peut faire plus que blâmer le pouvoir, le conseiller. Le discours d'ouverture de M. de Morny encourageait ces espérances, et un discours de M. Latour-Dumoulin jette les bases du parti qu'on appelle aujourd'hui le tiers-parti, où l'on ne saurait dire si Emile Ollivier combat en chef ou en volontaire.

Le député de la quatrième circonscription ne prit la parole dans l'Adresse que pour répondre, sur la question de

la presse, à un discours violemment réactionnaire et accu-
sateur de M. Granier de Cassagnac. Il rejeta l'Adresse.
Mais, pendant la discussion du budget, motivant son vote
contre un emprunt que M. Havin se figurait destiné à
secourir la Pologne, il accentua son allure indépendante
vis-à-vis des membres de l'opposition. La façon dont il
s'y prit souleva des clameurs, peut-être exagérées, si l'on
songe à la tolérance générale que le parti démocratique
a témoignée à M. Thiers dans la question romaine.
Nous retrouvons dans une instructive publication, l'écho
de cette impression. « M. Ollivier, » disent les écrivains
dont nous sommes heureux de citer l'opinion, « qui devait,
» dans le cours de cette session, se séparer sur tant de points
» et tant de questions de son parti et des collègues avec
» lesquels il avait lutté pendant la législature précédente,
» jugea à propos de profiter de cette possibilité d'un con-
» flit d'opinions encore enfoui dans l'avenir pour rompre
» avec d'anciens et vieux amis, et en renier avec éclat
» l'une des plus respectables aspirations (1). Il le fit avec
» une emphase de termes et de ton qui est assurément
» l'un des côtés de son nouveau genre d'éloquence. « Si
» ardentes, dit-il, que fussent ses sympathies pour la Po-
» logne, il aimait encore mieux son pays, et quand la ques-
» tion se présenterait il voterait résolûment pour la paix, »
» ajoutant qu'il était prêt à se dévouer à l'impopularité.
» Ce langage, que nous dépouillons de ses ampoules de
» termes comme de gestes, dut faire sourire ceux des au-
» diteurs de M. Ollivier qui se souvenaient d'avoir entendu

(1) L'indépendance polonaise. M. de Girardin n'enterra définitivement la Pologne que plus tard.

» M. Guizot et l'illustre général Cavaignac, dans des cir-
» constances politiques et dans des situations personnelles
» si différentes, exprimer la même pensée avec tant de no-
» blesse et de simplicité (1). »

Une seconde fois pendant la session, Emile Ollivier revint sur cette question, à l'occasion des crédits supplé-
mentaires. « Assez peu modeste lorsqu'il parle en son
» nom personnel, l'honorable membre ne vit aucun incon-
» vénient à l'être en parlant au nom d'hommes politiques
» dont il avait cessé d'être l'ami » (2). Il n'hésita donc pas
à reprocher à l'opposition de ne pas avoir assez tenu
compte des efforts de la majorité dans les questions de
finances. Aussi, à la fin de la session, on s'entretenait déjà
de la grande trahison d'Emile Ollivier ! Expressions ridi-
cules, car il n'y avait là ni trahison ni Mirabeau.

IX

Il nous semble inutile de suivre, une par une, les discussions auxquelles prit part Emile Ollivier en 1864, 1865
et 1866. Elles sont présentes à la mémoire de tous les
hommes politiques. Il faut signaler seulement le vote de

(1) H. Pessard et C. Duvernois. L'année parlementaire.
1863-1864.
(2) H. Pessard et C. Duvernois. *Loco citato.*

« *confiance* » donné pour la première fois à l'Adresse en 1865, et les avances nombreuses, faites au tiers parti, définitivement constitué pendant les dernières sessions, auquel M. Buffet et quelques autres orateurs ont donné un certain éclat. Pour la première fois aussi, un membre de l'opposition vint, dès 1864, défendre une loi gouvernementale. Le rapport d'Emile Ollivier sur la loi qu'on a appelée des coalitions est un remarquable document. Certes, on peut et l'on doit aller plus loin que son auteur. Lui-même semble le dire. Mais si, comme il le veut, il faut se garder de demander « tout ou rien, » on ne peut guère nier que la modification des articles du Code pénal qui régissaient la matière, ne soit un progrès. Dans ce rapport, avec un peu trop de luxe d'érudition, Emile Ollivier s'est tenu à la hauteur de sa réputation de juriste, et il est permis de croire que des défiances personnelles accrues chaque jour ont entraîné en grande partie l'opposition à combattre avec une grande énergie, dans la Chambre et dans les journaux, un projet de loi en face duquel, réserve faite du principe, il eût été peut-être plus habile de s'abstenir.

X

En dehors des Chambres, Emile Ollivier a souvent occupé le public, et souvent hors de propos. Le ton hautain de son langage a donné à son différend avec le Conseil de l'Ordre un caractère pénible que nous avons signalé. Il a maladroitement laissé discuter ses conversations avec le prince Napoléon et M. de Girardin, et s'est, en une autre occasion, attiré de M. L. Jourdan une dure réponse, qu'il eût pu éviter. Il a cru que l'on pouvait, en l'état actuel de la presse, aborder sans études le journalisme quotidien et n'a passé à la *Presse* que pour donner une faible idée de son talent d'écrivain, sans justifier par quelque hardiesse le refus d'autorisation qui lui fut signifié plus tard par M. de Saint-Paul, pour le ministre de l'intérieur. Enfin, à la façon des poëtes lyriques du siècle dernier, qui se croyaient obligé d'écrire des « Odes » à leurs détracteurs, il a continué de parler de ses ennemis sur un ton qui a fini par lui en faire. Aussi a-t-on été sévère pour lui. Quand il s'est présenté au conseil général du Var, dans un département où il prépare dès longtemps une candidature pour le cas où les électeurs parisiens l'abandonneraient, le gouvernement n'ayant pas opposé de compétiteur, on n'hésita pas à en faire un candidat officiel, ce qui était exagéré.

« M. Emile Ollivier, vivement appuyé par le *Toulon-*
» *nais*, journal de la préfecture, a été élu membre du
» conseil général par 2,400 voix sur 6,334 électeurs ins-
» crits. M. Emile Ollivier, ancien commissaire de la Répu-
» blique à Marseille, n'avait pas de concurrents.....
» L'administration encourage aujourd'hui les efforts de
» M. Emile Ollivier. Qui a changé? L'administration?
» L'administration ne change pas. Il faut bien que ce soit
» M. Emile Ollivier (1). »

(1) 30 avril 1863. — *Courrier du Dimanche.*

Si bien qu'Emile Ollivier qui, par ses idées touche à tous les partis, est isolé. *Les promesses que lui a faites,* assurent ses amis, le gouvernement et l'*Empereur lui-même,* vagues encore et ignorées du public, *ne se sont pas réalisées.* Le tiers-parti a froidement accueilli ce commissaire de la république qui se jetait à sa tête. L'opposition radicale le renie ; M. Havin lui-même ne le connaît plus et il a quitté la réunion Marie où vivent en paix apparente tant d'hommes de nuances diverses, sans avoir constitué un groupe d'hommes politiques prêt à appuyer son programme. Aussi l'on assure que dans une récente conversation avec un auguste personnage, il aurait reconnu de lui-même qu'une dissolution des chambres était nécessaire pour lui permettre de former une majorité. Cet isolement tient, croyons-nous, plus à l'homme qu'au programme qu'il a présenté.

XI

Emile Ollivier est de haute taille. Son regard, mobile et doux, se perd derrière des lunettes. Sa tenue a parfois des négligences que les méchants croient affectées. Il vit simplement, prenant de sa santé des soins minutieux, dans un intérieur d'une austérité arrangée. Absolu, tranchant dans les détails de la vie de chaque jour, il blesse quand il ne charme pas. Sensible aux flatteries, surtout quand elles viennent des femmes, il se tient mal en garde contre elles. On assure que M. de Morny, qui composait dans son salon de petites comédies bien meilleures que celles de M. de Saint-Remy, qu'on représentait ailleurs, s'était fait un jeu de le séduire. Honnête homme, mais naïf à l'excès, il laisse voir son ambition toute nue, et ne prend qu'au palais des précautions oratoires indispensables sous un régime qui, jusqu'à ce jour, a refusé l'indépendance à ses serviteurs. Qu'on lui donne un album, et là où son confrère Jules Favre écrira un bouquet à Chloris, il écrira : « Etre le Turgot de la liberté ou le Washington de la ré- » volution... » ne sentant pas le danger qu'il y a à jouer avec certains souvenirs. Cette faculté, si différente de l'intelligence et si utile à l'homme d'Etat, l'esprit, lui manque souvent, et il en faut beaucoup pour le rôle qu'il a choisi.

Une intelligence froide règle seule sa conduite, qui contraste singulièrement avec le côté sentimental de son talent oratoire. Pour nous, tout homme qui a voté sous le second empire, qui a prêté serment, ne peut nier son désir « d'améliorer au lieu de renverser. » Si l'on demande des réformes, et si l'on les obtient, il est d'une bonne logique de les mettre en pratique soi-même. On reste dans la stricte limite du juste. Mais pour arriver là, il faut un esprit de mesure qu'Emile Ollivier a souvent dépassé. Il s'est offert, quand il pouvait attendre. Son tempérament personnel, sensible aux blessures de la vanité, le pousse à des duretés inutiles. Il a des façons violentes d'être conciliant. Il ne respecte pas assez en autrui des scrupules de conscience que nous comprenons qu'il n'ait pas. On raconte que M. de La Rochejacquelein, s'étant rallié à l'Empire, rencontra un Vendéen sur le boulevard, et lui adressa un salut qu'on ne lui rendit pas. « Qu'a-t-il donc ? s'écria-t-il, ne serait-il » plus légitimiste? » Emile Ollivier a parfois envisagé sa situation vis-à-vis de ses anciens amis avec une égale naïveté. Et au lieu de les entraîner avec lui, par des transitions habiles et logiques, vers le but où il marche, et qui n'est que la conclusion des prémisses posées par l'acceptation du serment, il a brusquement quitté leur main, et s'est indigné ensuite et amèrement plaint de ne plus la trouver dans la sienne.

XII

Nous ne sommes pas de ceux qui pensent que l'Empire, en 1867, soit un fait de force. Une telle opinion répugne à la notion que nous avons de la dignité vaillante du pays. Pourtant nous comprenons que des hommes, directement frappés en décembre, gardent encore et portent haut le drapeau de l'abstention, et nous n'avons ni à condamner, ni à absoudre des amis qui protestent et refusent d'entrer dans les rouages du gouvernement. C'est un système entier, absolu, dont on peut tout au plus discuter l'opportunité. En revanche, nous qui sommes arrivés plus tard à la vie politique, nous ne voulons pas remonter aux questions d'origine. Nous avons un idéal de libertés politiques et de réformes sociales. Si l'Empire affirme encore sa perfectibilité, et s'il nous plaît d'en faire l'essai, nul ne peut nous en blâmer ni nous en refuser le droit. C'est la position mixte, entre l'abstention et l'opposition constitutionnelle, que nous ne comprenons pas et qui nous semble reposer sur un mensonge.

Aussi sommes-nous étonnés de l'isolement d'Emile Ollivier à l'instant où tout lui présage l'arrivée aux affaires. Peut-être est-ce l'homme qui a imprudemment escompté son avenir en d'inutiles manifestations. Mais la situation est grave. Il s'agit de savoir si l'Empire est compatible avec la liberté, et les hommes sans rancune et sans attaches, aussi bien que les absolutistes de toute école, ont intérêt à ce que l'expérience se fasse. Ils doivent, au moins pendant quelque temps, pour employer un mot célèbre, leur « neutralité attentive » aux hommes qui l'essayeront.

Paris, 10 février 1867.

Paris. — Imprimerie de Dubuisson et Cᵉ, rue Coq-Héron, 5.

www.ingramcontent.com/pod-product-compliance
Lightning Source LLC
Chambersburg PA
CBHW061109050726
47594CB00005B/1858